Für Dich

Die Deutsche Nationalbibliothek verzeichnet diese Publikation in der Deutschen Nationalbibliografie; detaillierte bibliografische Daten sind im Internet über www.dnb.de abrufbar.

50 Dinge, die du für dein Studium tun kannst, auch wenn du keine Zeit hast
Tim Reichel, Studienscheiss UG (haftungsbeschränkt)
Rathausstr. 24 B, 52072 Aachen
kontakt@studienscheiss.de

Erste Auflage, September 2016

© Studienscheiss Verlag, Aachen

ISBN: 978-3-9818191-5-1 Print (Hardcover)
ISBN: 978-3-9818191-6-8 E-Book (PDF)
ISBN: 978-3-9818191-7-5 E-Book (MOBI)
ISBN: 978-3-9818191-8-2 E-Book (EPUB)

Umschlaggestaltung, Layout und Satz: Tim Reichel, Aachen
Umschlagmotiv: shutterstock.com / © MSSA
Lektorat: Claudia Henning, Köln
Herstellung: Druck und Verlagshaus Mainz GmbH, Aachen
Printed in Germany

www.studienscheiss.de

50 Dinge, die du für dein Studium tun kannst, auch wenn du keine Zeit hast

Tim Reichel

Studienscheiss Verlag

Inhalt

Start

Keine Zeit zum Studieren

Studieren ist anstrengend. Die Zeiten, in denen Studenten lange ausschlafen und locker in den Tag hineinleben konnten, sind vorbei. Die alten Strategien (Vorlesung schwänzen, alte Prüfungsfragen besorgen und vor der Klausur noch schnell das Nötigste auswendig lernen) funktionieren nicht mehr.

Vielleicht kommst du damit in Notfällen durch – aber auf gar keinen Fall in jedem Modul. Und schon gar nicht, wenn du dein Studium mit einem richtig guten Abschluss beenden möchtest.

Die modernen, aufgeblähten Studiengänge und die Informationsflut durch digitale Medien machen dein Studium zu einer echten Herausforderung. Und die kannst du nur bestehen, wenn du dich voll und ganz darauf einlässt.

Du musst zu einem Profistudenten werden, der seine Ziele klar im Blick hat und sein Studium ernst nimmt. Tust du das nicht, gehst du unter und wirst langfristig unglücklich.

Aber diesen Schritt hast du schon hinter dir: Du weißt, wo du hin möchtest. Du kennst deine Stärken und Schwächen. Und du bist bereit, für deinen Erfolg zu arbeiten. Du bist fest entschlossen, dein Glück in die eigene Hand zu nehmen und willst im Studium richtig durchstarten.

Die Frage ist nur: Wie?

Dein Alltag ist so hektisch, dass du kaum Zeit hast, etwas für dein Studium zu tun: Univeranstaltungen, Nebenjob und sonstige Verpflichtungen blockieren große Teile deines Kalenders und bremsen dich aus. Du findest keine ruhige Phase, in der du konzentriert lernen oder nachdenken kannst.

Du willst dich ja hinsetzen und lesen, büffeln, recherchieren, zusammenfassen, malochen und kämpfen. Aber dir fehlt einfach die Zeit. Beispiel gefällig? Ein typischer Tag aus dem Leben eines Studenten:

6:30 Uhr: Dein Wecker klingelt. Nochmal kurz für zwei Minuten die Augen schließen und dann um 7:30 Uhr panisch aufstehen. Schnell ins Bad, anziehen und ab zur Uni. Um 8:00 Uhr fängt die Vorlesung an; danach flott den Hörsaal wechseln, denn der nächste Dozent wartet schon.

Kurze Pause und Mittagessen in der Mensa. Im Anschluss triffst du dich mit deiner Lerngruppe und besuchst am Nachmittag die nächsten beiden Vorlesungen.

Das war's? Nö. Denn jetzt ist dein Studentenjob dran; drei Stündchen Geld verdienen. Danach musst du noch schnell einkaufen und deine Wohnung aufräumen. Später erwartest du noch Besuch.

22:30 Uhr: Endlich Zeit für dich. Du schaust deine Lieblingsserie, kommst ein bisschen zur Ruhe und versuchst, nicht wahnsinnig zu werden.

Eigentlich wolltest du noch etwas für dein Studium tun und lernen – aber dein Tag war einfach zu voll.

Was du trotzdem für dein Studium tun kannst

Egal, wie sehr du dich auch anstrengst: Dein Tagesgeschäft hat dich voll im Griff und du findest einfach keine Zeit, um dich für ein paar Stunden mit deinem Studium zu beschäftigen.

Was viele Studenten in solch einer Situation tun: Gar nichts.

Da sie es nicht schaffen, ein bis zwei Stunden zu lernen oder wenigstens die Vorlesungsfolien durchzuarbeiten, tun sie lieber gar nichts. Aber genau das ist gefährlich und hat zur Folge, dass wichtige Aufgaben liegen bleiben und die Arbeitsbelastung immer größer wird.

Am Ende hat sich so viel angestaut, dass dein Studium in riesigen Stress ausartet und du wie ein Irrer durch die Gegend rennen und immer wieder kleine Feuer löschen musst. So macht Studieren irgendwann keinen Spaß mehr.

Aber was kannst du dagegen tun?

Die Lösung sind kleine, aber brutaleffiziente Mini-Aktionen, die du in kleinen Zeitfenstern erledigen kannst. Winzige Schritte mit großer Wirkung. Schnell erledigt, perfekt für zwischendurch und ergebnisorientiert hoch zehn.

Wenn dich dein Studium stark auslastet, du aber trotzdem nicht mit dem Lernen hinterherkommst, sind Mini-Aktionen genau das Richtige für dich. Sie beanspruchen nicht viel Zeit und können perfekt zwischen deine festen Termine geschoben werden.

Du brauchst deinen üblichen Tagesablauf nicht umzukrempeln oder Rücksicht auf irgendwelche Rahmenbedingungen zu nehmen. Für Mini-Aktionen ist immer Platz.

Du musst dich auch nicht großartig motivieren. Die kleinen Mini-Schritte werden dir leicht fallen und du kannst sie ganz einfach umsetzen – ohne dich dabei kaputtzuarbeiten. Und: Ohne, dass deine Freizeit darunter leidet.

Du wirst gar nicht bemerken, dass du gerade etwas für dein Studium tust, studierst aber trotzdem um ein Vielfaches produktiver und erzielst wesentlich bessere Ergebnisse als bisher.

Wie das genau funktioniert, lernst du in diesem Buch.

Wie dir dieses Buch helfen wird

Für große Mammutprojekte und ausführliche Lernsessions fehlt dir also die Zeit. Aber das ist kein Problem, denn mit den richtigen Mini-Aktionen kannst du die wenige Zeit, die dir zur Verfügung steht, optimal nutzen.

Und genau das zeige ich dir in diesem Buch.

Auf den nächsten Seiten stelle ich dir 50 kleine Dinge vor, die du für dein Studium tun kannst, obwohl du eigentlich gar keine Zeit hast. 50 erprobte Schritte, die wenig Zeitaufwand erfordern, aber deine Arbeitsweise revolutionieren werden.

Ich zeige dir, wie du in nur wenigen Minuten mehr für dein Studium tun kannst als sonst in einer ganzen Woche. Und das alles mit ein paar einfachen Tricks aus meiner praktischen Erfahrung.

Woher ich die habe? Ich bin seit fünf Jahren Fachstudienberater an einer großen deutschen Universität (RWTH Aachen).
Jeden Tag coache ich Studenten und helfe ihnen bei Schwierigkeiten im Studium.

Ich habe schon hunderte Beratungsgespräche geführt und
weiß, welche Probleme beim Studieren auftreten können –
und wie man diese Probleme löst.

Über meine Plattform studienscheiss.de helfe ich tausenden
Studenten dabei, ihr Studium zu organisieren und ihr Zeitmanagement in den Griff zu bekommen. Ich weiß, wovon ich
schreibe, denn ich lehre und praktiziere es täglich.

In diesem Buch habe ich die Essenz meiner Arbeit für dich zusammengefasst. Es gibt keine theoretische Einführung oder
großes wissenschaftliches Tamtam. Ich zeige dir 50 konkrete
Maßnahmen, die du sofort umsetzen kannst; ohne Vorwissen
oder Eingewöhnungszeit.

Du kannst einfach loslegen – egal, in welcher Reihenfolge – und ausprobieren, was am besten zu dir passt oder dir den größten Nutzen bringt.

Zu jeder Aktion zeige ich dir noch die drei größten **Vorteile**, die die jeweilige Maßnahme mit sich bringt und gebe dir drei konkrete **Beispiele**, damit dir das Anfangen möglichst leicht fällt.

Außerdem erfährst du zu jeder Aufgabe die ungefähre **Dauer** (5, 10 oder 15 Minuten), damit du den Aufwand besser einschätzen kannst und dich nicht verzettelst.

Es ist so weit: 50 Mini-Aktionen mit großer Wirkung warten auf dich – lass uns dein Studium verbessern!

Los geht's!

50 Dinge für dein Studium

#1 Schreibe eine Lernkarte

Zu fast jeder Prüfungsvorbereitung gehört das Lernen mit Karteikarten. Doch bevor dein Semester in die heiße Phase übergeht, kannst du dir schon die ersten Lernkarten erstellen und damit häppchenweise deinen Lernfortschritt verbessern.

Zerteile ein DIN-A4-Blatt in vier gleich große Teile oder besorge dir Karteikarten in deinem Lieblingsformat. Auf die eine Seite schreibst du dann eine Frage oder einen Fachbegriff und auf die andere Seite die entsprechende Antwort oder die passende Erklärung.

🏆 Vorteile:

- ✔ Zeitersparnis am Ende des Semesters
- ✔ Kontinuierliches Lernen
- ✔ Durch das Aufschreiben bleiben die Informationen besser im Gedächtnis

✏ Beispiele:

- ✔ Fachbegriff und Definition
- ✔ Frage und Antwort
- ✔ Vokabel und Übersetzung

🕐 Dauer:

- ✔ 5 Minuten

#2 Lerne eine Definition

Einige Inhalte aus deinem Studium musst du einfach draufhaben und auswendig lernen. Und Definitionen gehören definitiv dazu.

Egal, was du studierst: Es wird immer feststehende Begriffe und fachspezifische Beschreibungen geben, die du können musst. Und je eher du damit anfängst, dir diese Definitionen anzueignen, desto leichter fällt dir das Lernen für die kommenden Prüfungen.

🏆 Vorteile:

- ✔ Aufbau einer soliden Wissensbasis für die Prüfungsvorbereitung
- ✔ Dein Grundlagenwissen wird gestärkt
- ✔ Verbesserung der wissenschaftlichen Kommunikation

✏ Beispiele:

- ✔ Feststehende Fachbegriffe
- ✔ Bekannte Modelle
- ✔ Standardprozesse

🕐 Dauer:

- ✔ 5 Minuten

#3 Sieh dir ein Erklärvideo an

Beim Studieren musst du dich nicht auf die Skripte und Bücher beschränken, die dir deine Dozenten vorsetzen. Sieh dir stattdessen hin und wieder eine Doku oder einen Erklärfilm zu Themen aus deinem Studium an.

Videos helfen dir dabei, die trockene Theorie besser zu verstehen und die Abwechslung lockert deine Lernroutine auf. Außerdem ist diese Art des Lernens weniger anstrengend und kann ganz neue Impulse für dein Verständnis setzen.

🏆 Vorteile:

- ✔ Mehrere Sinne werden gleichzeitig angesprochen
- ✔ Visuelle Erklärungen prägen sich besonders gut ein
- ✔ Spielerisches Lernen

✏ Beispiele:

- ✔ Recherche auf YouTube oder anderen Videoplattformen, in Online-Datenbanken oder Mediatheken
- ✔ Dokus aus dem Fernsehprogramm, die zu Inhalten aus deinem Studium passen
- ✔ Erklärfilme zu Spezialthemen aus deinen Modulen oder Dokumentationen von historischen Ereignissen

🕐 Dauer:

- ✔ 10 Minuten

#4 Lege ein Glossar an

Der Vorlesungsstoff wächst über das ganze Semester kontinuierlich an und wird am Ende schnell unübersichtlich. Dann ist es gar nicht mehr so einfach, alle relevanten Themen auf dem Schirm zu haben, ohne etwas Wichtiges zu vergessen.

Lege dir deswegen ein Glossar/Stichwortverzeichnis an, in welchem du alle wichtigen Inhalte und Meilensteine deiner Vorlesung sammelst. Verweise bei jedem Eintrag auf die Stelle, an der es mehr Informationen zu diesem Thema gibt.

🏆 Vorteile:

- ✔ Du erschaffst dein eigenes Nachschlagewerk
- ✔ Es gehen keine Informationen verloren
- ✔ Alles auf einen Blick

✏️ Beispiele:

- ✔ Definitionen
- ✔ Vokabelliste
- ✔ Formelsammlung

🕐 Dauer:

- ✔ 10 Minuten

#5 Lies einen kurzen Abschnitt

Skripte, Lehrbücher, Fachartikel: Im Studium musst du eine ganze Menge lesen. Doch damit dich deine Literatur nicht überrollt, kannst du dich Schritt für Schritt und Absatz für Absatz durcharbeiten.

Für große Lesesessions und Texteinheiten fehlt dir oft die Zeit oder die Konzentration. Außerdem sind 20 Seiten Fachliteratur nicht besonders motivierend. Teile deine Lektüre deshalb auf und nimm dir die einzelnen Kapitel oder Absätze getrennt voneinander vor.

🏆 Vorteile:

- ✔ Umfangreiche Texte wirken weniger abschreckend, wenn du sie aufteilst
- ✔ Du bleibst beim Lesen konzentriert
- ✔ Du kommst schneller voran und beschäftigst dich kontinuierlich mit deinem Stoff

✏️ Beispiele:

- ✔ Einzelne Abschnitte
- ✔ Kapitel
- ✔ Unterthemen

🕐 Dauer:

- ✔ 10 Minuten

#6 Lies ein Inhaltsverzeichnis

Wenn deine Zeit nicht dafür reicht, ein komplettes Kapitel oder mehrere Seiten aus einem Skript oder Lehrbuch zu lesen, dann nimm dir nur das Inhaltsverzeichnis vor.

Gehe Schritt für Schritt die Struktur durch und präge dir die Kapitelüberschriften ein. Dadurch verschaffst du dir einen guten Überblick über das Thema und kannst die Kapitel später leichter in einen Zusammenhang bringen. Außerdem kannst du auf diese Weise irrelevante Teile schneller aussortieren.

🏆 Vorteile:

- ✔ Förderung des Gesamtverständnisses
- ✔ Einordnung von Einzelthemen fällt leichter
- ✔ Themenblöcke prägen sich besser ein

✏ Beispiele:

- ✔ Lehrbücher
- ✔ Fachbücher
- ✔ Vorlesungsskripte

🕐 Dauer:

- ✔ 5 Minuten

#7 Scanne ein Buch

So ähnlich wie bei Tipp #6 nimmst du dir jetzt ein ganzes Buch vor und überfliegst die Seiten. Wichtig dabei: Nicht lesen, sondern scannen.

Versuche die Informationen auf den einzelnen Seiten mit wenigen Blicken aufzunehmen und präge dir das Wichtigste ein. Damit verschaffst du dir einen schnellen Überblick und kannst die Inhalte im Gesamtkontext wahrnehmen. Eine spätere Lektüre fällt dir dann erheblich leichter.

🏆 Vorteile:

- ✔ Themen, Struktur und Aufbau sind schnell bekannt
- ✔ Einordnung von Einzelthemen fällt später leichter
- ✔ Gesamtüberblick wird verbessert

✏ Beispiele:

- ✔ Lehrbücher und Fachbücher
- ✔ Artikel, Studien und Sammelbände
- ✔ Vorlesungsskripte

🕐 Dauer:

- ✔ 10 Minuten

#8 Plane im Voraus

Du kannst heute schon dafür sorgen, dass du morgen fokussiert und zielstrebig arbeiten wirst. Und dazu brauchst du nur ein kleines bisschen Planung.

Plane deine Aufgaben und Aktivitäten für morgen im Voraus und erstelle dir eine praktische To-do-Liste. Dadurch weißt du morgen genau, was ansteht und kannst dich direkt deinen Aufgaben widmen.

🏆 Vorteile:

- ✔ Deine Ziele sind klar definiert
- ✔ Wichtige Aufgaben werden nicht vergessen
- ✔ Zeitersparnis durch klare Tagesstruktur

✏ Beispiele:

- ✔ Trage alle Termine und Aufgaben in eine Liste ein
- ✔ Ordne den einzelnen Punkten feste Zeiten zu
- ✔ Vergebe Prioritäten

🕐 Dauer:

- ✔ 5 Minuten

#9 Schreibe ein Motivations-Post-it

Wenn du am Schreibtisch sitzt und für dein Studium arbeitest, lassen Konzentration und Motivation mit der Zeit nach. Für diesen Fall kannst du einen kleinen Motivationskick vorbereiten: Schreibe einen motivierenden Spruch oder ein schönes Zitat auf ein Post-it und klebe das Zettelchen an deinen Monitor oder in die Nähe deines Arbeitsplatzes.

Wenn deine Gedanken abschweifen und du unkonzentriert wirst, holt dich deine Notiz zurück und gibt dir neue Kraft.

🏆 Vorteile:

- ✔ Selbstmotivation
- ✔ Deine Ziele rücken wieder in den Fokus
- ✔ Ablenkungsphasen werden reduziert

✏ Beispiele:

- ✔ „Ich bin stark und werde mich durchbeißen!"
- ✔ „Bringt mich das, was ich gerade mache, meinem Ziel näher?"
- ✔ „Morgen werde ich stolz auf mich sein!"

🕐 Dauer:

- ✔ 5 Minuten

#10 Erstelle eine Mindmap

Fasse die Inhalte deiner Vorlesung in einer Mindmap zusammen und stelle auf diese Weise die Themengebiete visuell dar.

Mindmaps helfen dir dabei, die Übersicht zu behalten und vereinfachen das Einprägen von trockenen Fachinformationen. Außerdem werden die Verflechtungen der einzelnen Themen deutlich.

🏆 Vorteile:

- ✔ Themen im Überblick
- ✔ Zusammenhänge werden visuell abgebildet
- ✔ Verknüpfungen und Beziehungen prägen sich besser ein

✏️ Beispiele:

- ✔ Übergeordnete Mindmap der ganzen Vorlesungsreihe
- ✔ Spezifische Mindmap zu einem Thema
- ✔ Mindmap zur Prüfungsvorbereitung

🕐 Dauer:

- ✔ 10 Minuten

#11 Lerne eine Englischvokabel

Die Sprache, in der internationale wissenschaftliche Artikel veröffentlicht werden, ist Englisch. In fast jedem Studienfach wirst du englische Texte oder Originalquellen lesen müssen. Spätestens bei deiner Abschlussarbeit ist es soweit.

Deshalb solltest du dir eine solide Basis an englischen Fachvokabeln aus deinem Studium aneignen.

♔ Vorteile:

- ✔ Verbessertes Textverständnis
- ✔ Förderung deiner Sprachfähigkeiten
- ✔ Bilateraler Austausch fällt leichter

✎ Beispiele:

- ✔ Fachbegriffe und Definitionen aus deinem Studium
- ✔ Häufige Vokabeln aus deinem Studienfach
- ✔ Übliche Redewendungen

⏱ Dauer:

- ✔ 5 Minuten

#12 Verbessere dein Speed Reading

Speed Reading ist die Fähigkeit, Texte überdurchschnittlich schnell zu lesen und dabei trotzdem die Inhalte zu verstehen.

Da du beim Studieren nicht nur viel lesen, sondern auch besonders viel Stoff in kurzer Zeit aufnehmen musst, ist es sinnvoll, wenn du dein Speed Reading verbesserst und regelmäßig trainierst.

🏆 Vorteile:

- ✔ Du kannst mehr Informationen aufnehmen und sparst langfristig Zeit
- ✔ Weniger Lesezeit beim Lernen
- ✔ Geschwindigkeitsvorteile während deiner Prüfungen

✏️ Beispiele:

- ✔ Lies informative Texte so schnell wie möglich
- ✔ Fasse die Inhalte danach zusammen
- ✔ Kontrolliere im Anschluss deine Ergebnisse

🕐 Dauer:

- ✔ 15 Minuten

#13 Schreibe eine E-Mail

Schreibe einem deiner Dozenten oder anderen Fachleuten eine E-Mail und stelle darin eine Frage zu den Inhalten aus deinem Studium.

Formuliere deine Frage so präzise wie möglich, damit die Beantwortung nicht viel Zeit in Anspruch nimmt und bitte um Hilfe. Auf diese Weise bekommst du hochwertigen Input, der dich beim Studieren weiterbringt. Außerdem baust du dir ein schönes Expertennetzwerk auf.

🏆 Vorteile:

- ✔ Hilfestellung von Experten
- ✔ Leichte Kommunikation via E-Mail
- ✔ Aufbau interessanter Kontakte

✏ Beispiele:

- ✔ Frage nach Fallstudien
- ✔ Erklärung zu Anwendungsbeispielen
- ✔ Literaturtipps

🕐 Dauer:

- ✔ 5 Minuten

#14 Erstelle ein Lernplakat

Tägliche Routinen wie duschen, Zähne putzen oder abwaschen kannst du ganz leicht in produktive Lerneinheiten umwandeln.

Erstelle dir dazu ein Lernplakat, indem du deinen Lernstoff auf ein DIN-A4-Blatt (oder größer) schreibst und dieses dann an den Badezimmerspiegel, von außen an die Dusche oder in die Küche hängst. Durch dieses „Passivlernen" absolvierst du jeden Tag nebenbei ein paar zusätzliche Lerneinheiten.

🏆 Vorteile:

- ✔ Wartezeiten werden ausgenutzt (lernen „nebenbei")
- ✔ Langweilige Routinen werden interessanter
- ✔ Kontinuierliches Lernen

✏ Beispiele:

- ✔ Definitionen
- ✔ Lange Aufzählungen und Prozesse
- ✔ Formeln oder Mindmaps

🕐 Dauer:

- ✔ 10 Minuten

#15 Nimm einen Lern-Podcast auf

Auch beim Joggen, Fahrradfahren oder im Auto kannst du etwas für dein Studium tun. Nimm dir dazu einen eigenen kleinen Podcast auf und sprich deinen Lernstoff auf Band.

Deine Aufnahme kannst du dann auf deinem Smartphone abspeichern und unterwegs anhören. Dadurch erweiterst du deine Aufnahmefähigkeit und kannst bequem nebenbei etwas für dein Studium tun, ohne dich zusätzlich anzustrengen.

🏆 Vorteile:

- ✔ Du lernst, ohne dass du etwas lesen oder visuell wahr-nehmen musst
- ✔ Ausnutzen von Totzeiten, während derer du sonst nichts lernen könntest, aber trotzdem aufnahmefähig bist
- ✔ Durch das Einsprechen bleiben die Inhalte noch besser im Gedächtnis haften

✏ Beispiele:

- ✔ Definitionen
- ✔ Längere Erklärungen und Aufzählungen
- ✔ Fachinformationen

⏱ Dauer:

- ✔ 10 Minuten

#16 Mache eine Atemübung

Während deines Studiums (und auch danach) wirst du in Situationen geraten, die dich überfordern und in denen du unter starkem Stress stehst.

In diesen Momenten helfen dir Atemtechniken, die dich beruhigen und dafür sorgen, dass du deine Bestleistung abrufen kannst. Doch diese Techniken musst du vorher üben.

🏆 Vorteile:

- ✔ Stresslevel wird reduziert
- ✔ Beruhigende Wirkung in Drucksituationen
- ✔ Konzentrations- und gesundheitsfördernd

✏️ Beispiele:

- ✔ Anleitungen für Atemübungen aus Zeitschriften
- ✔ Techniken aus Gesundheits- und Managementblogs
- ✔ YouTube-Videos

🕐 Dauer:

- ✔ 5 Minuten

#17 Baue eine Eselsbrücke

Eine Eselsbrücke ist eine kreative Merkhilfe und erleichtert dir das Einprägen von Fakten. Beim Lernen mit Eselsbrücken nutzt du die assoziative Arbeitsweise deines Gedächtnisses und kannst dir dadurch deutlich mehr Inhalte merken.

Außerdem bleiben die Inhalte besser hängen, weil du dich kreativ mit deinem Lernstoff auseinandersetzt und die Zusammenhänge aus verschiedenen Perspektiven betrachtest.

🏆 Vorteile:

- ✔ Abstrakte und langweilige Fachinformationen prägen sich leichter ein
- ✔ Kreative Arbeitsweise
- ✔ Verschiedene Gehirnregionen werden angesprochen

✏️ Beispiele:

- ✔ „KLAPS-Regel" aus der Mathematik = „Klammer, Punkt, Strich."
- ✔ „Gar nicht wird gar nicht zusammengeschrieben."
- ✔ „He, she, it, das ‚s' muss mit."

🕒 Dauer:

- ✔ 5 Minuten

#18 Schreibe nur einen Satz

Fasse deine Vorlesung oder das Kapitel aus dem Buch in nur einem Satz zusammen und stelle damit die Kernaussage heraus.

Durch die Beschränkung auf einen Satz musst du dich auf die allerwichtigsten Dinge konzentrieren und verschwendest keine Zeit mit Nebensächlichkeiten. Dieser Fokus hilft dir später beim Lernen.

🏆 Vorteile:

- ✔ Kernaussage rückt in den Mittelpunkt
- ✔ Die Informationen werden deutlich gewichtet
- ✔ Konzentration auf die wesentlichen Inhalte

🖊 Beispiele:

- ✔ „In der Vorlesung wurde die Fallstudie von Müller vorgestellt, in der gezeigt wurde, dass…"
- ✔ „In dem Kapitel wird der XY-Prozess beschrieben, der so funktioniert: …"
- ✔ „Der Autor beschreibt…"

🕐 Dauer:

- ✔ 5 Minuten

#19 Führe ein Lerntagebuch

Fange damit an, deine Lerneinheiten zu dokumentieren und lege dir ein Tagebuch zu. In dieses Lerntagebuch schreibst du jede Aktion, die du für dein Studium absolviert hast und notierst dir Datum und Dauer.

Auf diese Weise spornst du dich an, mehr für dein Studium zu tun und hast deine Aktivitäten immer im Blick. Außerdem kontrollierst du dich mit einem Lerntagebuch selbst und arbeitest konsequenter. Zudem nimmst du rückblickend deine kleinen Erfolge besser wahr.

🏆 Vorteile:

- ✔ Dokumentation deiner Lernfortschritte
- ✔ Kontrolle deiner Arbeitsweise
- ✔ Steigerung der Motivation

✏️ Beispiele:

- ✔ „Montag, 14.10.: Zusammenfassung Kapitel 2.1 bis 2.4 (60 Minuten)"
- ✔ „Dienstag, 15.10.: Wiederholung der Vorlesung vom 10.10. (30 Minuten)"
- ✔ „Donnerstag, 17.10.: Recherche Studienarbeit (45 Minuten)"

🕐 Dauer:

- ✔ 10 Minuten

#20 Stelle einen Tagesplan auf

Ein Tagesplan bringt Struktur in dein Studentenleben und ord-
net deinen Lernalltag. Ohne Plan lebst du einfach vor dich hin,
lässt dich treiben und schaust, welche Dinge im Laufe der Zeit
auf dich zukommen. Das Problem dabei ist: Irgendwann verlierst du die Kontrolle.

Damit dir das nicht passiert, solltest du deinen Tag im Voraus
planen und festlegen, welche Schritte du als nächstes ange-
hen möchtest. Dadurch wirst du effizienter und sparst Zeit.

🏆 Vorteile:

- ✔ Dein Tag bekommt Struktur
- ✔ Deine Ziele und die nächsten Schritte sind klar
- ✔ Du hast Orientierung und sparst Zeit

✏️ Beispiele:

- ✔ Lege dir eine einfache To-do-Liste für den Tag an
- ✔ Definiere deine Aufgaben so klar wie möglich
- ✔ Vergib Prioritäten

🕐 Dauer:

- ✔ 10 Minuten

#21 Meditiere

Meditation hilft dir dabei, zur Ruhe zu kommen und deinen hektischen Alltag entspannter anzugehen. Durchs Meditieren verringerst du Stress, förderst deine Gesundheit und sortierst deine Gedanken.

Besonders in anstrengenden Phasen oder vor Prüfungssituationen kann es sich auszahlen, wenn du kurz abschalten und danach fokussiert durchstarten kannst.

🏆 Vorteile:

- ✔ Stresslevel wird reduziert
- ✔ Gedanken werden geordnet
- ✔ Auszeit aus hektischem Alltag und beruhigende Wirkung in Drucksituationen

✏️ Beispiele:

- ✔ Anleitungen in Zeitschriften oder Fachbüchern
- ✔ Gesundheits- und Managementblogs
- ✔ YouTube-Videos

🕐 Dauer:

- ✔ 15 Minuten

#22 Lies einen Fachartikel

Klassische Lehrbücher und Vorlesungsskripte haben ein kleines Manko: Sie sind oft sehr theoretisch und zeigen kaum aktuelle Praxisbeispiele.

Bei Fachartikeln ist das anders: Hier bekommst du oft einen Einblick in aktuelle Untersuchungen oder Studien. Außerdem kannst du durch die Quellenangaben und Verweise deinen Literaturfundus erweitern und bekommst ein besseres Gefühl für wissenschaftliche Texte.

🏆 Vorteile:

- ✔ Aktuelle Praxisbeispiele
- ✔ Zusätzliche Quellen
- ✔ Dein theoretisches Grundlagenwissen wird um aktuelle Entwicklungen erweitert

✏ Beispiele:

- ✔ Fachzeitschriften findest du in deiner Hochschulbibliothek
- ✔ Online-Artikel sind über den Hochschulzugang verfügbar
- ✔ Artikel über wissenschaftliche Suchmaschinen wie zum Beispiel GoogleScholar oder ScienceDirect

🕐 Dauer:

- ✔ 15 Minuten

#23 Überlege dir ein eigenes Beispiel

Gehe deinen Vorlesungsstoff durch und überlege dir eigene Beispiele zu den vorgestellten Methoden und theoretischen Ansätzen.

Du kannst dich ruhig an gegebenen Beispielen und Fallstudien orientieren, versuche jedoch, dein eigenes Beispiel so frei wie möglich zu formulieren. Dadurch, dass du dir selbst Gedanken über Anwendungsmöglichkeiten machst, kannst du dir die Lerninhalte viel einfacher merken.

🏆 Vorteile:

- ✔ Eigene Beispiele bleiben besser im Gedächtnis
- ✔ Du verbesserst deine Transferleistung
- ✔ Gute Vorbereitung für neue Klausuraufgaben

✏ Beispiele:

- ✔ Abwandlung einer Textaufgabe
- ✔ Neuer Anwendungsbereich einer wissenschaftlichen Methode
- ✔ Veränderte Rahmenbedingungen der ursprünglichen Problemstellung

🕐 Dauer:

- ✔ 10 Minuten

#24 Male den Teufel an die Wand

Denke für einen kurzen Moment bewusst komplett negativ und überlege dir für eine Situation in deinem Studium das Worst-Case-Szenario. Male den Teufel an die Wand und stell dir vor, was – zum Beispiel in deiner nächsten Klausur – im schlimmsten Fall passieren könnte.

Und dann: Überlege dir, wie du die Situation doch noch lösen kannst und wieder auf die Beine kommst. Erst Worst-Case – dann die Lösung. Nach diesem Prozess wirst du dich sicherer fühlen, weil du gedanklich auf den schlimmsten Fall vorbereitet bist und einen Plan B in der Hinterhand hast.

🏆 Vorteile:

- ✔ Auseinandersetzung mit den eigenen Ängsten
- ✔ Lösung liegt für den Ernstfall bereit
- ✔ Motivation und Selbstvertrauen steigen

✏ Beispiele:

- ✔ Klausur nicht bestanden
- ✔ Studentenjob verloren
- ✔ Exmatrikulation

🕐 Dauer:

- ✔ 10 Minuten

#25 Erzeuge ein mentales Bild

Mental starke Studenten sind erfolgreicher in Stresssituationen und können besser mit Druck umgehen als der Durchschnitt. Mentale Bilder helfen dir dabei, ein Gewinner-Mindset zu bekommen.

Entwickle dazu ein positives Bild vor deinem geistigen Auge und male dir im Detail aus, wie erfolgreich und stark du sein wirst. Die Art und Weise, wie du dich selbst siehst, bestimmt langfristig, wie erfolgreich und glücklich dein Leben verläuft.

🏆 Vorteile:

- ✔ Innere Motivation und Zuversicht
- ✔ Optimistische Herangehensweise an neue Aufgaben
- ✔ Positive Lebenseinstellung

✏ Beispiele:

- ✔ Stell dir vor, wie sehr du dich über deine gute Note nach der nächsten Prüfung freuen wirst
- ✔ Stell dir vor, wie stolz deine Eltern sein werden
- ✔ Stell dir vor, wie toll dein Job ist, den du nach deinem Abschluss bekommen wirst

🕐 Dauer:

- ✔ 10 Minuten

#26 Absolviere ein Software-Tutorial

Softwarekenntnisse sind bei Uniabsolventen genauso gefragt wie Fremdsprachen. Wenn du eine Software richtig gut beherrschst, kannst du dich positiv absetzen und einen bleibenden Eindruck hinterlassen.

Außerdem bringt es dich persönlich weiter und verbessert deine IT-Fähigkeiten. Zudem ist das Erlernen neuer Programme mittlerweile kinderleicht geworden, denn es gibt zu fast jeder Anwendung ein ausführliches Video-Tutorial.

🏆 Vorteile:

- ✔ Aufbau von Zusatzqualifikationen und Soft Skills
- ✔ Arbeitserleichterung und höhere Produktivität durch sicheren Umgang mit der Software
- ✔ Du sammelst Spezialwissen

✏ Beispiele:

- ✔ Einfache Office-Anwendungen wie Word, Excel oder Powerpoint
- ✔ Zitier-, Bildbearbeitungs- oder Simulationsprogramme
- ✔ Wissenschaftliche Spezialsoftware

🕐 Dauer:

- ✔ 15 Minuten

#27 Frage ein Studentenforum

Nutze digitale Plattformen und Online-Foren und stelle dort Fragen zu Themen aus deinem Studium. Die Communitys sind oft hilfsbereit und je nach Frage und Umfeld können interessante Diskussionen entstehen, die dich wirklich weiterbringen und wertvoller sind als jede Recherche.

Achte darauf, dass deine Fragen zum Forum passen und deine Inhalte für die User relevant sind.

🏆 Vorteile:

- ✔ Nützlicher Informationsaustausch
- ✔ Du lernst andere Perspektiven kennen
- ✔ Dein Netzwerk wächst

✏ Beispiele:

- ✔ Regionale Studentenforen oder Facebook-Gruppen
- ✔ Zentrale Foren zu deinem Studiengang
- ✔ Kommentarfunktion unter Blogartikeln oder Magazinbei-
  trägen

🕐 Dauer:

- ✔ 5 Minuten

#28 Recherchiere im Internet

Lege eine kleine Recherche ein und google Themen, Fachbegriffe oder berühmte Persönlichkeiten, die für dein Studium relevant sind.

Auf diese Weise erweiterst du deinen Horizont und kannst dich
unabhängig von deinen Lernmaterialien und den Angaben aus
der Vorlesung informieren. Durch die unterschiedlichen Perspektiven kannst du große Themen einfacher erfassen und
spezifische Fachinhalte leichter nachvollziehen.

🏆 Vorteile:

- ✔ Vorlesungsinhalte werden aus einer neuen Perspektive oder mit anderen Worten und Beispielen beschrieben
- ✔ Verbesserung der Allgemeinbildung und Recherchekompetenzen
- ✔ Zusatzinformationen

✏️ Beispiele:

- ✔ Suche über Google nach Überschriften oder Keywords aus deiner Vorlesung
- ✔ Recherchiere berühmte Autoren oder Wissenschaftler aus deinen Lehrbüchern
- ✔ Finde Anwendungsbeispiele oder aktuelle Ereignisse zu Vorlesungsthemen

🕐 Dauer:

- ✔ 5 Minuten

#29 Löse eine alte Klausuraufgabe

Falls du alte Klausuren oder Prüfungsaufgaben zu deinen Modulen zur Verfügung hast, kannst du zwischendurch einzelne Aufgaben bearbeiten und lösen.

Teile größere Aufgaben in kleine Zwischenschritte auf und nimm dir diese Teilaufgaben vor. Dadurch bekommst du ein Gefühl dafür, was in der bevorstehenden Prüfung auf dich wartet. Außerdem kannst du mögliche Lieblingsthemen deines Prüfers und wiederkehrende Muster in den Klausuren erkennen.

🏆 Vorteile:

- ✔ Kontinuierliche Prüfungsvorbereitung
- ✔ Einzelne Aufgaben wirken nicht so mächtig wie ganze Klausuren
- ✔ Muster und Lieblingsthemen werden deutlich

✏️ Beispiele:

- ✔ Frage am Lehrstuhl des Dozenten nach alten Prüfungen
- ✔ Erkundige dich bei deiner Fachschaft oder recherchiere online nach passenden Aufgaben
- ✔ Durchsuche Online-Foren oder digitale Lernräume

🕐 Dauer:

- ✔ 15 Minuten

#30 Schaffe Platz in deinem Kopf

Wenn dein Kopf voll ist und du an 1.000 Dinge gleichzeitig denken musst, blockierst du dich damit selbst. Besonders in Stresssituationen, in denen du das Gefühl hast, von deinen Aufgaben und Pflichten überrannt zu werden, brauchst du Platz.

Einfache Lösung: Nimm dir ein Blatt Papier und notiere alles, woran du gerade denkst. Lass alles raus und schreibe jede Kleinigkeit auf. Wenn du fertig bist, kannst du sortieren, priorisieren, zusammenfassen und streichen. Danach ist dein Kopf wieder frei und du hast eine praktische To-do-Liste.

🏆 Vorteile:

- ✔ Gedanken werden auf Papier gebracht
- ✔ Du kannst dich wieder auf eine wichtige Sache konzentrieren
- ✔ Du schaffst Struktur und entwirrst deine Aufgaben

✏️ Beispiele:

- ✔ Schreibe alle Gedanken und jedes Detail auf
- ✔ Definiere dann Kategorien und ordne die einzelnen Punkte zu
- ✔ Sieh dir dazu die Getting-Things-Done-Methode von David Allen an

🕐 Dauer:

- ✔ 10 Minuten

#31 Beseitige dein Chaos

Ordne deine Unterlagen und Mitschriften, die über die Woche zusammengekommen sind und lege deine Lernmaterialien vernünftig ab.

Lege dir passende Ordner an und hefte lose Blätter konsequent weg. Außerdem solltest du das Chaos auf deinem Schreibtisch und/oder auf deinem Desktop beseitigen, damit du nicht den Überblick verlierst und wichtige Informationen sofort wiederfindest. Eine gute Organisation ist beim Studieren die halbe Miete.

🏆 Vorteile:

- ✔ Ordnung und Struktur am Arbeitsplatz machen dich erfolgreicher und lenken weniger ab
- ✔ Wichtige Infos werden schnell gefunden und du sparst Zeit
- ✔ Die Ordnung auf deinem Schreibtisch überträgt sich auf deine Gedanken

✏ Beispiele:

- ✔ Schreibtisch aufräumen
- ✔ Ablage und Desktop ordnen
- ✔ Smartphone entrümpeln

🕐 Dauer:

- ✔ 15 Minuten

#32 Schreibe einen Spickzettel

Stelle dir den besten, präzisesten und umfangreichsten Spick-zettel zusammen, den du jemals geschrieben hast. Fasse wirklich alles Relevante für deine Prüfung auf engstem Raum zusammen und verdichte den Stoff so gut es geht.

Dann: Sieh dir den Spickzettel gut an, nimm ihn mit zur Prü-fung – aber benutze ihn nicht. Mach alles, was zum Spicken dazu gehört, aber verzichte auf den letzten Schritt und betrüge nicht. Damit nutzt du die ganze Lernpower, die im Spickzettel-erstellen liegt, ohne zu schummeln.

🏆 Vorteile:

- ✔ Konzentration auf die wichtigsten Punkte
- ✔ Durch die Konzeption des Spickzettels und das Aufschreiben kannst du dir die Inhalte besser merken
- ✔ Du verstehst die Zusammenhänge besser und bekommst Sicherheit

✏️ Beispiele:

- ✔ Fasse deine Zusammenfassung zusammen
- ✔ Schreibe alles hochverdichtet auf einen kleinen Zettel
- ✔ Wiederhole diese Zusammenfassung der Zusammenfassung so oft wie möglich

🕐 Dauer:

- ✔ 10 Minuten

#33 Optimiere deine To-do-Liste

Viele To-do-Listen haben eines gemeinsam: Sie sind unpräzise, ungeordnet und verschwenden dein Potenzial.

Daher solltest du deine To-do-Liste optimieren. Und zwar so: Ordne deine Aufgaben in Kategorien, lege eine Reihenfolge fest, bestimme deine wichtigste Aufgabe und gib zu jeder Aufgabe eine verbindliche Deadline an. Mit diesen Schritten bekommt deine To-do-Liste neue Power und du wirst deutlich produktiver.

🏆 Vorteile:

- ✔ Bessere Struktur für deine Arbeitsabläufe
- ✔ Deine Aufgaben werden gewichtet und zeitlich fixiert
- ✔ Deine To-do-Liste wird verbindlicher und deine Arbeitsweise damit deutlich produktiver

✏ Beispiele:

- ✔ Ordne und kategorisiere deine Aufgaben: „lernen, Organisation, Wohnung, Job…"
- ✔ Gib deinen Aufgaben eine Priorität (A, B, C…)
- ✔ Weise jedem To-do eine Deadline zu

🕐 Dauer:

- ✔ 5 Minuten

#34 Ruf deine Oma an

Beim Lernen machen es sich viele Studenten zu kompliziert und gehen unnötig theoretisch vor. Sie verstricken sich dabei in Details und verlieren den Blick fürs Wesentliche.

Aber ein Anruf bei deiner Oma (oder einem anderem Familienmitglied) kann dir aus dieser Lage heraushelfen: Du kannst deiner Oma erzählen, wie es an der Uni läuft und was du gerade machst. Bei deiner Schilderung musst dich auf die wesentlichen Aspekte beschränken und kannst nicht mit hochtrabendem Blabla kommen. Und diese Vereinfachung hilft dir.

🏆 Vorteile:

- ✔ Umgangssprachliche Zusammenfassung deines Vorlesungsstoffes
- ✔ Wenn du die Inhalte einer fachfremden Person erklärst, kannst du sie dir besser merken
- ✔ Bessere Beziehung zu deiner Oma

✏️ Beispiele:

- ✔ Generelles Thema der Vorlesung
- ✔ „Wozu braucht man das?"
- ✔ Aktuelle Entwicklungen aus den Nachrichten, die in Zusammenhang mit dem Thema stehen

🕐 Dauer:

- ✔ 15 Minuten

#35 Erstelle ein Akronym

Ein Akronym funktioniert so ähnlich wie eine Eselsbrücke
(Tipp #17): Es ist eine Merkhilfe und unterstützt dich beim
Auswendiglernen trockener Fachinformationen.

Akronyme sind Wortschöpfungen, die aus den Anfangsbuch-
staben mehrerer Wörter zusammengesetzt sind. Dadurch werden komplizierte Bezeichnungen stark verdichtet und du
kannst dir knifflige Begriffe, Aufzählungen und Prozesse besser merken.

🏆 Vorteile:

- ✔ Lange Informationsketten werden zusammengefasst und prägen sich besser ein
- ✔ Kreative Wortschöpfungen sprechen verschiedene Gehirnregionen an
- ✔ Schnellere Wiederholung des Lernstoffs

✏ Beispiele:

- ✔ LKW: Lastkraftwagen
- ✔ LASER: Light Amplification by Stimulated Emission of Radiation
- ✔ Ziele müssen SMART sein: spezifisch, messbar, angemessen, realistisch, terminiert

🕐 Dauer:

- ✔ 5 Minuten

#36 Zeichne eine Skizze

Stelle deinen Lernstoff in einer Skizze oder einem kleinen Bildchen dar. Auf diese Weise prägst du dir die Informationen visuell besser ein und förderst zudem deine Kreativität.

Zeichne eine Prinzipskizze, ein Flowchart oder ein Diagramm. Besonders langweilige und trockene Inhalte können damit aufgelockert und aus einer neuen Perspektive betrachtet werden. Sei dabei ruhig einfallsreich und lass den Künstler in dir heraus.

🏆 Vorteile:

- ✔ Bilder bleiben leichter im Gedächtnis als reine Textinformationen
- ✔ Verschiedene Sinne werden angesprochen und die Inhalte verankern sich besser
- ✔ Abstrakte Informationen werden vereinfacht und in eine vorstellbare Form gebracht

✏ Beispiele:

- ✔ Prozessskizze
- ✔ Mindmap
- ✔ Flowchart eines historischen Verlaufes

🕐 Dauer:

- ✔ 10 Minuten

#37 Stalke deine Dozenten

Anstatt dich direkt mit einem Thema aus deinem Studium zu beschäftigen, kannst du einen kleinen Umweg einschlagen und dir zuerst deine Dozenten etwas genauer ansehen.

Hast du einen Dozenten, dessen Forschungsgebiet dich besonders interessiert? Dann google diesen Dozenten und finde heraus, zu welchen Themen er sonst noch so forscht und veröffentlicht. Damit lernst du verschiedene Arbeitsschwerpunkte kennen, die dich wahrscheinlich auch interessieren und deinen Horizont erweitern.

🏆 Vorteile:

- ✔ Hilfreiche Hintergrundinformationen zu deinem Dozenten (auch für die nächste Prüfung)
- ✔ Bessere Kenntnis verschiedener Forschungsgebiete
- ✔ Verbesserung deiner Recherchefähigkeiten

✏ Beispiele:

- ✔ Einfache Suchmaschinenrecherche
- ✔ Suche deinen Dozenten in Karrierenetzwerken wie XING oder LinkedIn
- ✔ Suche nach deinem Dozenten in wissenschaftlichen Suchmaschinen oder Zeitschriftenkatalogen

🕐 Dauer:

- ✔ 5 Minuten

#38 Erstelle ein Kurzresümee

Fasse einen Abschnitt der Vorlesung oder ein Kapitel aus einem Lehrbuch in einem Kurzresümee zusammen.

Konzentriere dich dabei wie in Tipp #18 nur auf die wesentlichen Punkte und vermeide ausführliche Erklärungen oder kleinschrittige Details. Verdichte den Stoff so gut es geht, damit du die wirklich wichtigen Informationen extrahieren kannst.

🏆 Vorteile:

- ✔ Du bekommst einen schnellen Überblick und kannst die wesentlichen Informationen sofort aufnehmen
- ✔ Perfekte Vorbereitung für eine ausführliche Zusammenfassung
- ✔ Förderung deiner Priorisierungsfähigkeit und schneller Aufbau eines soliden Grundlagenwissens

✏️ Beispiele:

- ✔ Wie lauten die Kernthemen? Was ist besonders wichtig und warum?
- ✔ Was muss ich mir auf jeden Fall merken?
- ✔ Wie stehen die Themen zueinander in Verbindung?

🕐 Dauer:

- ✔ 15 Minuten

#39 Lies eine Zusammenfassung

Die Zusammenfassung der Vorlesung ist zentraler Bestandteil deiner Prüfungsvorbereitung. Und je besser du deine Zusammenfassung drauf hast, desto leichter wird dir die Prüfung fallen.

Aus diesem Grund solltest du deine Zusammenfassung regelmäßig wiederholen und Schritt für Schritt durchgehen. Nutze jedes kleine Zeitfenster, um deine Notizen zu überfliegen, damit sich die wichtigsten Inhalte optimal einprägen.

🏆 Vorteile:

- ✔ Durch häufiges Wiederholen bleibt der Stoff optimal in deinem Gedächtnis
- ✔ Je öfter du deine Zusammenfassung wiederholst, desto sicherer wirst du
- ✔ Wenn du deine Unterlagen oft durcharbeitest, fallen dir eher Fehler oder Schwachstellen in deiner Lernsystematik auf, die du dann leichter beheben kannst

✏ Beispiele:

- ✔ Lies deine Zusammenfassung kurz vorm Schlafengehen
- ✔ Wiederhole deine Unterlagen beim Zähneputzen
- ✔ Nutze die Zeit, während du auf den Bus wartest

🕐 Dauer:

- ✔ 5 Minuten

#40 Erstelle eine Not-to-do-Liste

Wenn du dich im Studium verbessern und produktiver lernen möchtest, musst du nicht immer komplett neue Arbeitsmethoden lernen.

Manchmal reicht es schon aus, wenn du gewisse Dinge nicht mehr tust und somit deine Effizienz deutlich steigerst. Doch über diese Dinge – die dich blockieren und zurückhalten – musst du dir erst einmal klar werden. Und dabei hilft dir eine Not-to-do-Liste.

🏆 Vorteile:

- ✔ Probleme und Schwachstellen deiner Arbeitsweise werden sichtbar
- ✔ Zeitfresser und andere Ablenkungen werden klar von dir benannt und können dadurch ausgeschaltet werden
- ✔ Du analysierst dein eigenes Verhalten und wirst dadurch zu einem reflektierten und selbstbestimmten Menschen

✏ Beispiele:

- ✔ Während der Vorlesung mit dem Handy spielen
- ✔ Unter der Woche bis zwei Uhr wach bleiben, wenn am nächsten Morgen eine Univeranstaltung stattfindet
- ✔ Beim Lernen Facebook und Instagram checken

🕐 Dauer:

- ✔ 10 Minuten

#41 Sieh dir eine Musterlösung an

In einigen Modulen gibt es Musterlösungen oder Lösungsskizzen von Übungsaufgaben, Fallstudien oder Prüfungsfragen. Nimm dir diese Aufzeichnungen vor und gehe die Lösungswege Schritt für Schritt durch.

Natürlich lernst du mehr, wenn du zuerst versuchst, die Aufgaben eigenständig zu bearbeiten. Wenn du aber nur wenig Zeit hast, ist ein kurzes Überfliegen der fertigen Lösung besser als gar nichts.

🏆 Vorteile:

- ✔ Der Lösungsweg wird direkt klar
- ✔ Gleiche Lösungsmuster innerhalb eines Aufgabentyps werden deutlich
- ✔ Viele verschiedene Aufgaben und Anwendungsbeispiele können in kurzer Zeit aufgenommen werden

✏ Beispiele:

- ✔ Mitschrift von Übungsaufgaben
- ✔ Musterlösung von Klausuraufgaben
- ✔ Lösungsskizzen oder Prüfschemata von wiederkehrenden Standardproblemen

🕒 Dauer:

- ✔ 10 Minuten

#42 Lege die wichtigste Aufgabe fest

Viele Studenten verschwenden ihre Zeit mit Kleinkram und lassen sich von unwichtigen Aufgaben ablenken. Deshalb solltest du immer genau wissen, welche Punkte auf deiner To-do-Liste gerade den höchsten Stellenwert für dich haben.

Wenn du deine wichtigste Aufgabe erst einmal festgelegt hast, steht dieses Projekt in deinem Fokus. Dann wirst du viel eher damit beginnen, dich um die Dinge zu kümmern, die dich im Studium wirklich weiterbringen.

🏆 Vorteile:

- ✔ Du legst den Fokus auf deine wichtigsten Aufgaben
- ✔ Du kannst produktiv studieren und verschwendest keine Zeit mehr mit Aufgaben, die dich nicht nach vorne bringen
- ✔ Du arbeitest effektiv und lässt dich nicht ablenken

✏ Beispiele:

- ✔ Ein Lehrbuch lesen, ein Skript zusammenfassen usw.
- ✔ Frage dich: „Was schiebe ich schon lange vor mir her?" oder „Wozu muss ich mich am meisten überwinden?"
- ✔ Frage dich: „Welche Aufgabe hat gerade den größten Nutzen für mich?" oder „Welche Aufgaben haben direkten Einfluss auf meine Ziele?"

🕐 Dauer:

- ✔ 5 Minuten

#43 Sortiere deine Unterlagen

Während deines Studiums kommt einiges an Papier zusammen: Mitschriften, Notizen, Skripte, Literatur und vieles mehr. Wenn du diese Unterlagen nicht vernünftig ordnest, entsteht schnell ein unproduktives Chaos. Wichtige Dokumente gehen dann verloren oder werden erst nach einer langen, nervigen Suche wiedergefunden.

Sortiere deshalb regelmäßig deine Studienunterlagen und schaffe dir ein kluges Ablagesystem, das dich nicht zu einem Spießer, sondern zu einem gut organisierten Studenten macht.

🏆 Vorteile:

- ✔ Zeitersparnis durch pragmatische Ordnung
- ✔ Perfekte Voraussetzungen für deine nächste Prüfungs-vorbereitung
- ✔ Kein nerviges Suchen oder Datenverlust durch Chaos

✏ Beispiele:

- ✔ Lege einen klassischen Ordner für jedes Modul an und sortiere dort deinen Papierkram chronologisch ein
- ✔ Arbeite mit Ablagefächern
- ✔ Scanne wichtige Dokumente ein und lege dir ein digitales Ablagesystem zu

🕐 Dauer:

- ✔ 5 Minuten

#44 Finde deinen größten Fehler

Jeder macht Fehler. Wir alle machen täglich Dinge, die uns nicht gut tun und die wir hinterher bereuen: Wir treffen falsche Entscheidungen, trödeln rum oder sind ungerecht zu anderen Menschen oder zu uns selbst.

Fehler sind zum Glück ganz normal und nicht weiter schlimm – wenn wir aus unseren Fehltritten lernen und die richtigen Schlüsse ziehen. Darum solltest du regelmäßig über dich und deine Handlungen der letzten Tage nachdenken, den größten Fehler aufspüren und diesen ab sofort vermeiden.

🏆 Vorteile:

- ✔ Du durchbrichst schädliche Verhaltensmuster
- ✔ Du stärkst deine soziale Kompetenz und verbesserst deine Selbstreflektion
- ✔ Es fällt dir leichter, neue Gewohnheiten aufzubauen

✏ Beispiele:

- ✔ Was hat dich zuletzt richtig traurig, nervös oder wütend gemacht?
- ✔ Was würdest du anders machen, wenn du die Zeit zurückdrehen könntest?
- ✔ Wozu hast du negatives Feedback bekommen?

🕓 Dauer:

- ✔ 5 Minuten

#45 Erstelle einen Klausurplan

Für jeden Studiengang endet das Semester mit der Prüfungs-phase. Das heißt für dich: Endlos lange Klausurvorbereitun-gen, lernen bis an die Schmerzgrenze und jede Menge Prüfungsstress.

Aber um diesem Stress vorzubeugen, kannst du schon während des Semesters einen Klausurplan aufstellen und deine Abläufe im Vorfeld planen. Notiere dir dazu alle Prüfungster-mine und lege den Zeitraum für die Phase der intensiven Vor-bereitung fest.

🏆 Vorteile:

- ✔ Du hast deine Prüfungen schon früh im Blick und wirst nicht „überrascht"
- ✔ Ein wenig Planung vereinfacht die Prüfungsvorbereitung
- ✔ Das Risiko, am Ende viel zu wenig Vorbereitungszeit zu haben, sinkt deutlich

✏ Beispiele:

- ✔ Stelle alle deine Prüfungstermine (Erst- und Zweittermin) zusammen
- ✔ Lege zu jeder Prüfung einen Vorbereitungszeitraum fest
- ✔ Plane Puffer- und Erholungszeiten mit ein

🕐 Dauer:

- ✔ 15 Minuten

#46 Überlege dir Fragen

Eine tolle Möglichkeit, den Vorlesungsstoff schneller und einfacher zu behalten, besteht darin, sich Fragen zum Thema zu überlegen. Dadurch beschäftigst du dich intensiver mit den Inhalten und übst nebenbei den Ernstfall in der Prüfung.

Anstatt also einfach nur die vorgegebenen Informationen zu wiederholen, gehst du einen Schritt zurück und überlegst dir eine Frage, zu der du schon die Antwort kennst – so ähnlich wie in dieser alten Fernsehsendung „Jeopardy!".

🏆 Vorteile:

- ✔ Du lernst nicht nur stupide auswendig, sondern baust dir einen produktiven Kontext auf
- ✔ Gute Vorbereitung für Prüfungsfragen
- ✔ Förderung des allgemeinen Verständnisses

✏ Beispiele:

- ✔ „Woraus besteht der X-Prozess?"
- ✔ „Was wird in dem Modell von Y beschrieben?"
- ✔ „Wann findet §123 Abs. Z Anwendung?"

🕐 Dauer:

- ✔ 5 Minuten

#47 Zerteile eine Aufgabe

Manche deiner Aufgaben sind sehr umfangreich und können dadurch abschreckend oder demotivierend wirken. Dieses Problem kannst du lösen, indem du deine Aufgaben in kleine Zwischenschritte zerteilst und einzelne Etappen definierst.

Dieses Aufteilen und das Vorgeben einer neuen Struktur nehmen nicht viel Zeit in Anspruch und können ganz einfach zwischendurch erledigt werden. Wenn du dann mit der neuen Aufgabe starten möchtest, liegt dir schon ein fertiger Plan vor und du kannst viel organisierter loslegen.

🏆 Vorteile:

- ✔ Große Aufgaben verlieren ihren Schrecken, wenn du sie aufteilst
- ✔ Deine konkreten Handlungsmaßnahmen sind klar und du kennst deine nächsten Schritte
- ✔ Das Anfangen fällt dir wesentlich leichter

✏ Beispiele:

- ✔ Teile deine nächste Lektüre auf (Tipp #5)
- ✔ Teile das Schreiben deiner Studienarbeit auf
- ✔ Teile deine Prüfungsvorbereitung auf

🕐 Dauer:

- ✔ 10 Minuten

#48 Baue eine neue Routine auf

Über 95 Prozent deines Erfolgs im Studium hängen davon ab, welche Gewohnheiten du entwickelst. Einmalaktionen geben dir vielleicht einen kurzen Motivationsschub, aber der ist genauso schnell wieder weg, wie er gekommen ist.

Das Geheimnis vieler produktiver Studenten ist deswegen die Durchführung kleiner, aber hocheffizienter Routinen. Diese wiederkehrenden Aktionen, die du zwischendurch in deinen Alltag einfließen lassen kannst, führen dich in der Summe zu einem glücklichen und erfolgreichen Studium.

🏆 Vorteile:

- ✔ Positive Handlungsmuster werden fest etabliert
- ✔ Durch das häufige Wiederholen bekommst du Sicherheit und wirst kontinuierlich besser
- ✔ Routinen laufen fast automatisch ab – sind sie einmal aktiv, fällt dir die Durchführung nicht mehr schwer

✏ Beispiele:

- ✔ 5 Minuten vor der Uni lesen
- ✔ Direkt nach der Vorlesung die wichtigsten Punkte zusammenfassen
- ✔ Vor dem Schlafengehen den nächsten Tag planen

🕐 Dauer:

- ✔ 5 Minuten

#49 Denk an deine Erfolge

Menschen, die sich regelmäßig bewusst machen, was sie schon alles erreicht haben, sind deutlich zufriedener und selbstbewusster als der Rest.

Erinnere dich deswegen regelmäßig daran, welche schwierigen Momente du in deinem Leben bereits gemeistert hast. Es beruhigt ungemein, wenn du dir deine Erfolge vor Augen führst und dir auch den steinigen Weg dorthin ins Gedächtnis rufst.

🏆 Vorteile:

- ✔ Aus deinen bisherigen Erfolgen kannst du neue Kraft und Motivation schöpfen
- ✔ Du wirst selbstbewusster und gehst mutiger mit neuen Herausforderungen um
- ✔ Du kommst besser mit hohem Druck zurecht und kannst auch bei großem Stress ruhig bleiben

✏ Beispiele:

- ✔ Was war dein letzter großer (oder kleiner) Erfolg?
- ✔ Wann warst du das letzte Mal stolz auf dich?
- ✔ Welche Probleme hast du auf diesem Weg gelöst?

🕐 Dauer:

- ✔ 5 Minuten

#50 Schärfe deine Axt

Was macht ein guter Holzfäller, wenn er zehn Stunden Zeit dafür hat, einen Baum zu fällen? Er schärft neun Stunden lang seine Axt.

Diese bekannte Metapher macht es deutlich: Wenn wir mit einer knappen Ressource umgehen müssen, lohnt es sich, deren Gebrauch zu optimieren. Im übertragenen Sinn: Wenn du im Studium zu wenig Zeit hast, solltest du einen Teil deiner Zeit darin investieren, zu lernen, effizienter mit selbiger umzugehen. Darum: Verbessere dein Zeitmanagement!

🏆 Vorteile:

- ✔ Du lernst den Umgang mit Zeit und wirst dadurch entspannter und gelassener in Stresssituationen
- ✔ Durch die Kenntnis verschiedener Produktivitätsmethoden erarbeitest du dir einen nachhaltigen Vorteil
- ✔ Eine Verbesserung deines Zeitmanagements wirkt sich langfristig positiv auf dein ganzes Leben aus

✏ Beispiele:

- ✔ Lies Artikel über Zeitmanagement und Produktivität
- ✔ Investiere in Ratgeberbücher oder Anleitungen speziell für Studenten
- ✔ Besuche passende Kurse an deiner Hochschule

⏲ Dauer:

- ✔ 15 Minuten

Das war's!

Ende

Mit Mini-Aktionen zum Erfolg

Du hast es geschafft! Du hast dich durch alle 50 Mini-Aktionen gearbeitet und weißt jetzt, was du für dein Studium tun kannst, auch wenn du eigentlich keine Zeit hast.

Selbst wenn deine Tagespläne voll sind und dein Kalender aus allen Nähten platzt, kannst du mit ein wenig Kreativität und kleinen Baby-Schritten dafür sorgen, dass dein Lernfortschritt nicht abbricht.

Streue einfach hin und wieder ein paar der Aktionen ein und absolviere ein paar kleine Einheiten für dein Studium.

Oder lass dich von meinen Vorschlägen inspirieren und überlege dir eigene Mini-Aktionen. Hauptsache, du lässt dich nicht vom stressigen Unialltag unterkriegen und entwickelst nützliche Routinen, die dich langfristig weiterbringen.

Deine Lerneinheiten werden sich über das gesamte Semester zu einem beachtlichen Wert summieren und dich in der Prüfungsphase deutlich entlasten. Du hast dann zwar nicht unbedingt mehr Zeit, aber deutlich weniger Stress.

Egal, wie du es machst: Bleib dran und starte mit Mini-Aktionen im Studium richtig durch!

Danke

Ich danke allen Lesern meines Studienscheiss-Blogs. Ohne euch und eure riesige Unterstützung gäbe es die Website und dieses Buch nicht. Ihr seid die beste Community, die es im deutschsprachigen Raum gibt und ich liebe es, für euch zu schreiben.

Danke, dass ihr mich motiviert, kritisiert und immer wieder hinter mir steht. Danke, dass ihr da seid.

Alleine hätte ich dieses Buch niemals schreiben können. Deswegen danke ich besonders den Menschen, die mir dabei geholfen haben: Marie, Kristina, Nadine, Melanie, Claudia, Ansgar und Sajoscha.

Vielen Dank, dass ihr mich ertragen und in jeder schwierigen Situation unterstützt habt.

Auch dann, wenn ich nervig und zickig war oder mich einfach blöd angestellt habe. Eure Verlässlichkeit, eure Geduld und euer Einsatz sind unglaublich und al-les andere als selbstverständlich.

Ich weiß das wirklich zu schätzen – und danke euch allen von Herzen.

Über den Autor

Tim Reichel, Jahrgang 1988, studierte nach dem Abitur Wirtschaftsingenieurwesen an der RWTH Aachen. Nach dem Studium ist er zur Promotion an der Uni geblieben und forscht zu den Themen Nachhaltigkeit und Ressourceneffizienz.

Seit 5 Jahren arbeitet er als Fachstudienberater und Koordinator eines Prüfungsausschusses. Dabei coacht er Studenten, berät bei Schwierigkeiten im Studium, schreibt Prüfungsordnungen und begleitet Akkreditierungsverfahren (Letzteres ist sehr, sehr langweilig).

Im Juni 2014 gründete er die Plattform studienscheiss.de. Mit dieser Website hilft er deutschlandweit tausenden Studenten bei organisatorischen und rechtlichen Problemen im Studium.

In seinem Blog veröffentlicht er regelmäßig Artikel zu allen möglichen Themen rund ums Studieren.

Das ist Tim

Jetzt bist du dran!

Viel Erfolg!

Anbieterkennzeichnung
Studienscheiss UG (haftungsbeschränkt)
Rathausstr. 24 B, 52072 Aachen
kontakt@studienscheiss.de
www.studienscheiss.de
Vertretungsberechtigter Geschäftsführer:
Tim Reichel, Rathausstr. 24 B, 52072 Aachen
Registergericht: Amtsgericht Aachen,
Registernummer: HRB 19105
Umsatzsteuer-Identifikationsnummer: DE295455486

Mehr Zeit, weniger Stress – bessere Noten!

Verbessere schnell und einfach dein Zeitmanagement
im Studium und starte richtig durch.

Hol dir jetzt deinen Bachelor of Time!

Mehr Tipps für dein Studium:

www.studienscheiss.de